Lieblingsschwester – Superbruder

Geschichten von Manfred Mai
Mit Bildern von Maria Wissmann

Ravensburger Buchverlag

Inhalt

Was ist denn das?

Das habt ihr
prima gemacht!

Ergibst du dich?

Immer ich!

Komm zu mir!

Schläfst du noch?

Das kleine Haus im Finkenweg wartet auf den neuen Tag. Im Haus und drum herum ist alles ruhig, weil Mama, Papa und Marie noch schlafen. Nur Lukas ist schon wach, liegt jedoch still im Bett, obwohl ihm das sehr schwer fällt. Aber seine Eltern haben ihm verboten als Erster aufzustehen und das ganze Haus zu wecken.

Lukas kann nicht verstehen, warum die andern immer so lange schlafen. Er findet schlafen langweilig, aber noch viel langweiliger ist es, im Bett liegen zu müssen, wenn man wach ist und aufstehen möchte.

Heute ist das Warten für Lukas noch schlimmer als sonst, weil heute ein ganz besonderer Tag ist: Papa und Mama haben nämlich versprochen, dass sie alle zusammen in den Zirkus gehen. Wenn Lukas daran denkt, kribbelt es in seinem Bauch und sein Herz schlägt schneller.

Er greift nach seinem Kuschelbär und flüstert: „Du möchtest doch auch aufstehen, Bobbi." Und Lukas ist sicher, dass Bobbi nickt, auch wenn er es im Dunkeln nicht sehen kann. Er dreht sich hin und her, hält es fast nicht mehr aus und fragt leise in die Dunkelheit: „Marie, schläfst du noch?"

Seine Schwester antwortet nicht.
Vielleicht habe ich zu leise geredet,
denkt Lukas. Deshalb wiederholt
er seine Frage und fügt noch hinzu:
„Freust du dich auch so auf den
Zirkus wie ich?"
Marie dreht sich und nuschelt etwas
ins Kissen. Weil Lukas das Genuschel
nicht verstanden hat, fragt er: „Was
hast du gesagt?"
„Halt die Klappe!", kommt es aus
dem anderen Bett.
Sie hat geredet! Und wer redet,
schläft nicht mehr, denkt Lukas.

Also kann er schon mal das Licht
anknipsen, damit es nicht mehr so
dunkel ist.
„Mach das Licht aus!"
„Du schläfst ja gar nicht mehr",
sagt Lukas.
„Ich sag der Mama, dass du mich
wieder geweckt hast!", ruft Marie und
zieht sich die Decke über den Kopf.
„Man darf nicht petzen", sagt Lukas.
Vorsichtshalber knipst er das Licht
aber noch mal aus und erzählt
seinem Kuschelbär ganz leise vom
Zirkus.

Kannst du nicht!

Heute ist für Marie um halb zwölf die Schule aus. Auf dem Heimweg geht sie beim Kindergarten vorbei und holt Lukas ab.

„Hallo, Marie!", sagt Frau Hesse, die Erzieherin. „Schön, dich mal wieder zu sehen. Wie gefällt's dir denn in der Schule?"

„Prima", antwortet Marie. „Ich kann schon bis zehn rechnen und ganz viele Wörter lesen und schreiben".

„Kann ich auch", sagt Lukas.

„Kannst du nicht!", widerspricht Marie.

„Kann ich doch!" Lukas holt ein Bilderbuch, schlägt es auf und legt los: „Der kleine Fuchs reitet auf seinem Papa. Dann geht er ganz allein in den Wald. Da sind ein Hase und ein Vogel und ein …"

„Das steht ja gar nicht da", behauptet Marie. „Das hast du dir nur ausgedacht."

„Bäh!", macht Lukas.

„Aber Lukas hat es sich schön ausgedacht", sagt Frau Hesse. „Und es hat wirklich so geklungen, als würde er uns vorlesen."

Lukas strahlt. Er gibt Frau Hesse das Buch und verabschiedet sich.

Im Flur will Marie ihm in die Jacke helfen, aber er wehrt sich. „Ich kann das allein!"

Da lässt Marie ihn stehen und geht. „Warte!", ruft Lukas. „Marie, nimm mich mit!" Mit halb angezogener Jacke läuft er hinter seiner Schwester her, stolpert und fällt lang hin. Nach einer Schrecksekunde fängt er an zu brüllen. Sofort ist Marie bei ihm, hilft ihm hoch und fragt: „Wo tut's dir weh?"

Lukas kann nicht antworten, weil er erst mal weinen muss.

Frau Hesse kommt in den Hof gelaufen und kniet sich neben den beiden hin. „Was ist denn passiert?"

„Er ist hingefallen", antwortet Marie. Frau Hesse drückt Lukas an sich. Dann hält sie seine leicht aufgeschürfte Hand und pustet und pustet, bis Lukas sich langsam beruhigt.

„Eins, zwei, drei, bald ist der Schmerz vorbei", sagt sie, nimmt ein Taschentuch, trocknet Lukas' Tränen und putzt ihm die Nase. „Kannst du jetzt mit Marie nach Hause gehen?"

Lukas nickt. Er lässt sich von seiner Schwester sogar an die Hand nehmen, ohne zu meckern.

Du hast nie Zeit für uns!

Marie macht im Kinderzimmer Schulaufgaben und will nicht gestört werden. Lukas sitzt auf Mamas Schreibtisch und schaut zu, wie sie am Computer arbeitet.

„Bist du bald fertig?", fragt er.

„Nein! Und wenn du hier sitzen bleibst, dauert es noch viel länger."

„Ich bin ganz still", verspricht Lukas schnell.

„Hör mal, Lukas, ich muss etwas Wichtiges schreiben", sagt Mama. „Dazu brauche ich Ruhe. Sei bitte so lieb und geh ins Kinderzimmer."

„Da darf ich nicht rein, weil Marie lernen muss."

Mama verdreht die Augen und seufzt. „Aber wenn du mich noch einmal störst …"

„Ich bin ganz still", wiederholt Lukas. Er nimmt ein Blatt Papier und kritzelt mit einem Stift darauf herum. Mama arbeitet weiter. Nach einer Weile kommt Marie und will ihr die Schulaufgaben zeigen.

„Kinder!", ruft Mama. „Wie stellt ihr euch das eigentlich vor? Ihr latscht hier rein, wie es euch gerade passt. Aber ich sitze hier nicht zu meinem Vergnügen, ich muss arbeiten."

„Immer musst du arbeiten", sagt Marie vorwurfsvoll, „nie hast du Zeit für uns."

Lukas nickt heftig, weil er diesmal mit seiner Schwester einer Meinung ist. „Du sollst jetzt mit uns spielen."

„Ich kann nicht den ganzen Tag mit euch spielen", entgegnet Mama.

„Nicht den ganzen Tag", sagt Lukas. „Nur jetzt."

Mama lehnt sich zurück und reibt sich mit beiden Händen das Gesicht. „Ich mache euch einen Vorschlag: Ihr räumt jetzt euer Zimmer auf …"

„Ich will aber nicht aufräumen!", ruft Marie und stampft mit dem Fuß auf den Boden.

„Aufräumen ist blöd", meckert Lukas.

„Lasst mich doch erst mal ausreden", sagt Mama. „Also, ihr räumt jetzt euer Zimmer auf und ich arbeite inzwischen weiter. Wenn wir alle fertig sind, dann spielen wir Memory oder meinetwegen auch etwas anderes."

„Das ist Verpressung!", ruft Marie.

„Was ist Verpressung?", fragt Lukas.

„Erpressung heißt das", erklärt Mama. „Und Erpressung bedeutet, jemanden

zu etwas zwingen. Aber ich will euch zu nichts zwingen."

„Doch, zum Aufräumen", widerspricht Marie.

„Das stimmt überhaupt nicht", wehrt sich Mama. „Es ist genau umgekehrt: Ihr wollt mich dazu zwingen, meine Arbeit liegen zu lassen und mit euch zu spielen. Aber ich kann jetzt nicht mit euch spielen. Ich habe meiner Kollegin in der Redaktion versprochen, dass sie den Artikel diese Woche noch bekommt, und was ich verspreche …"

„Deine Kollegin ist …"

„Schluss jetzt!", sagt Mama energisch.

„Diesmal lasse ich mich von euch zu nichts zwingen."

„Wir uns von dir auch nicht", sagt Marie. „Gell, Lukas?"

Lukas nickt nur, weil er nicht alles verstanden hat.

„Das müsst ihr auch nicht. Meinetwegen braucht ihr euer Zimmer jetzt nicht aufzuräumen, ihr könnt auch etwas anderes tun. Aber nicht hier drin! Hier will ich meine Ruhe haben. Und je schneller ihr euch verzieht, desto schneller bin ich mit meiner Arbeit fertig." Mama dreht sich wieder dem Computer zu und tut so, als ob ihre Kinder Luft wären.

Die würden ihr am liebsten noch einiges sagen, aber beide wissen, dass es besser ist, wenn sie jetzt schweigen. Deswegen gehen sie ziemlich wütend hinaus.
„Und das ist doch Verpressung", brummt Marie so laut, dass Mama es hören muss.

„Verpressung", wiederholt Lukas, auch wenn er immer noch nicht so genau weiß, was das bedeutet.

Was ist denn mit dir passiert?

Marie streicht sich beim Essen dauernd die Haare aus dem Gesicht.

„Du musst dringend zum Frisör", meint Papa. „Und dein Bruder gleich mit."
Aber beide wollen nicht zum Frisör. Da muss man so lange still sitzen, die abgeschnittenen Haare piksen am Hals und man hat immer Angst, dass der Frisör einen mit seiner großen Schere ins Ohr schneidet.
Als Papa und Mama den Tisch abräumen, verziehen sich Marie und Lukas ins Kinderzimmer. Dort flüstert Marie: „Ich geh nicht zum Frisör, ich schneide mir die Haare selber."
„Und mir", sagt Lukas sofort.
„Pssst", macht Marie. „Ich hole eine Schere." Sie schleicht ins Bad und kommt mit Schere und Kamm zurück. Lukas setzt sich auf seinen Stuhl, Marie stellt sich hinter ihn wie eine richtige Frisöse. Zuerst ist sie ganz vorsichtig und schneidet nur ein paar Spitzen ab. Dann wird sie mutiger, lässt die Schere schnipp-schnapp, schnipp-schnapp machen und Haarbüschel um Haarbüschel fällt zu Boden. Lukas findet das lustig.

„Lass mal sehen", sagt Marie und schaut ihren Bruder von vorne an. Sie scheint nicht ganz sicher zu sein, ob der Haarschnitt gelungen ist.
„Ich will auch mal sehen", sagt Lukas. Weil im Kinderzimmer kein Spiegel ist, schleichen sie ins Bad. Dort nimmt Marie Mamas Handspiegel und hält ihn Lukas vors Gesicht. Der schaut sich an und weiß nicht, ob er lachen oder weinen soll. Bevor er sich entschieden hat, kommt Papa herein und traut seinen Augen nicht. „Lukas!", ruft er. „Was ist denn mit dir passiert?"
Jetzt kullern Lukas dicke Tränen aus den Augen. „Marie hat mir die Haare geschnitten", schnieft er.
„Er wollte nicht zum Frisör", verteidigt sich Marie und kann nun die Tränen auch nicht mehr zurückhalten.
Und bei zwei weinenden Kindern kann Papa nicht mal schimpfen.

12

Mein Bruder

Auf dem Spielplatz in der Tulpenstraße sind heute viele Kinder. Sie schaukeln, wippen, klettern, spielen Fangen und Verstecken oder sitzen in dem großen Sandkasten. Lukas und Marie sind auch dabei. Marie und ihre Freundin Elena schaukeln gerade. Lukas baut mit Philipp, Fatima und Jonas eine Sandburg. „Jetzt machen wir noch einen Wassergraben", schlägt Jonas vor. „Hier gibt's doch gar kein Wasser", entgegnet Lukas.

„Vielleicht doch", meint Jonas. „Kommt mit!"
Sie laufen kreuz und quer über den Spielplatz, aber Wasser finden sie nicht.
Als sie wieder vor ihrer Burg stehen, kichert Jonas plötzlich und murmelt: „Wir können ja in den Graben pinkeln."
„Au ja, das machen wir!", sagt Philipp, der für jeden Blödsinn zu haben ist.
„Ihr Ferkel!", ruft Fatima und läuft davon.

„Wenn ihr das tut, dann spiel ich nicht mehr mit", sagt Lukas.

„Feigling! Feigling!", spotten Jonas und Philipp.

„Ich bin kein Feigling", wehrt sich Lukas, „aber ihr seid ganz, ganz blöd!"

Jonas und Philipp kommen drohend auf Lukas zu und schubsen ihn aus dem Sandkasten.

Lukas fängt zu weinen an.

„He, was soll denn das!", ruft Marie, die alles beobachtet hat. Sie springt von der Schaukel, kommt angelaufen, stellt sich vor Lukas und schaut Philipp und Jonas böse an. „Lasst sofort meinen Bruder in Ruhe, sonst … sonst …"

Sie braucht gar nicht mehr weiterzureden, denn Jonas und Philipp weichen schon zurück. Mit Marie wollen sie sich lieber nicht anlegen. Lukas guckt hinter seiner Schwester hervor und streckt beiden die Zunge raus.

Was ist denn das?

Marie und Lukas klingeln an der Haustür. Papa öffnet. „Hallo, ihr … was … was ist denn das?"

„Ein Hund", antwortet Lukas. „Dass es kein Elefant ist, sehe ich selber", sagt Papa. „Wieso habt ihr einen Hund dabei?"

„Der kam zu uns in den Garten gelaufen und ist nicht mehr weggegangen", antwortet Marie.

„Der mag uns", fügt Lukas noch hinzu.

„Wuff, wuff!", bellt der Hund, legt den Kopf schief und guckt Papa mit seinen großen Augen erwartungsvoll an.

„Oh nein!", wehrt Papa ab, weil er weiß, wohin das führen soll. „Ein Hund kommt mir nicht ins Haus und ein fremder schon gar nicht."

Marie streichelt den Hund und murmelt: „Er ist ja gar kein Fremder mehr."
„Papperlapapp", sagt Papa unwirsch. „Kommt jetzt rein, dann wird der Köter schon dorthin laufen, wohin er gehört."
Marie und Lukas trotten ins Haus. Als der Hund ihnen folgen will, drückt Papa schnell die Tür zu.
Der Hund bellt und fiept.
Die Kinder sind traurig. Sie wollen nicht spielen und nicht essen. Papa und Mama erklären ihnen, dass man nicht einfach einen fremden Hund ins Haus nehmen kann.
„Der Hund gehört doch jemandem, der ihn bestimmt schon vermisst und sucht", meint Mama.

Papa ruft bei der Polizei an, aber dort wurde kein Hund als vermisst gemeldet.
Am Abend liegt der Hund immer noch vor der Haustür. Weil die Kinder Angst haben, dass er bei Nacht erfrieren oder verhungern könnte, lässt Mama ihn in den Flur und gibt ihm zu trinken und zu essen.
Die Kinder sind zufrieden.
Auch am nächsten Tag weicht der Hund nicht vom Haus. Marie und Lukas taufen ihn auf den Namen Purzel, weil er beim Männchenmachen immer auf den Rücken purzelt.
Nach dem Mittagessen bindet Mama eine dicke Schnur um Purzels

Halsband, damit die Kinder mit ihm Gassi gehen können. Draußen hebt Purzel an Bäumen und Gartenmauern immer wieder das Bein.

„Der muss aber oft pinkeln", sagt Lukas und kichert.

„Alle Hunde müssen …"

„He, seit wann habt ihr denn einen Hund?", ruft Melina, die ihnen entgegenkommt.

„Seit gestern", antwortet Lukas.

„Gehört der euch?"

Marie und Lukas sehen sich an – und wissen nicht, was sie sagen sollen.

„Wie heißt er denn?", möchte Melina wissen.

„Purzel", antworten beide und gehen schnell weiter.

Plötzlich bellt Purzel laut und zerrt so wild an der Schnur, dass Marie und Lukas sie nicht mehr halten können. Er läuft zu einer älteren Frau und springt freudig an ihr hoch.

„Da bist du ja wieder, du alter Ausreißer. Ich habe dich schon gesucht", begrüßt sie ihn. „Wo hast du denn diesmal gesteckt?"

„Bei uns", rutscht es Lukas heraus.

Die Frau schaut Lukas und Marie an. Da erzählen die beiden die ganze Geschichte.

„Das war wirklich lieb von euch,

dass ihr euch so um meinen Schorschi gekümmert habt", sagt die Frau.

„Schorschi?", fragt Lukas verwundert.

„Ja, so heißt mein kleiner Ausreißer", sagt die Frau. „Wie habt ihr ihn denn genannt?"

„Purzel", antwortet Marie. „Weil er beim Männchenmachen immer auf den Rücken purzelt."

Die alte Frau lächelt. „Ja, das war bei meinem Schorschi schon immer so. Irgendwas stimmt bei ihm nicht ganz, aber er ist trotzdem ein lieber Kerl."

Marie nickt.

Schorschi fiept und Lukas streichelt ihn.

„Ihr scheint ihn ja richtig zu mögen – und er euch", sagt die alte Frau. „Wenn ihr wollt, könnt ihr uns gerne mal besuchen und mit Schorschi Gassi gehen."

„Danke!", rufen Marie und Lukas strahlend und Schorschi bellt dazu.

Das habt ihr prima gemacht!

Marie und Lukas sitzen vor dem Fernseher. Der lustige Zeichentrickfilm ist zu Ende und sie sollten eigentlich das Gerät ausschalten. Aber das tun sie nicht. Beide bleiben sitzen und schauen auch noch die nächste Sendung an, einen Wildwestfilm, in dem viel geboxt und geschossen wird. Deshalb hören sie Papa nicht hereinkommen.

„Ihr sollt nicht solche Filme anschauen, die sind noch nichts für euch", sagt er und schaltet das Gerät aus. „Wie oft hab ich euch schon gesagt, dass ihr ausschalten sollt, wenn ihr eine Kindersendung gesehen habt. Zu viel fernsehen ist nicht gut. Räumt lieber euer Zimmer auf! Da sieht es ja aus wie in einem Saustall!"

Wenn Papa so schlechte Laune hat, kann man mit ihm nicht reden, schon gar nicht übers Fernsehen und übers Aufräumen. Das wissen Marie und Lukas. Und mit einem schlecht gelaunten Papa ist es zu Hause überhaupt nicht schön.

Ohne ein Wort zu sagen, verschwinden die beiden in ihrem Zimmer. Eine halbe Stunde später kommen sie wieder heraus und schleichen ins Wohnzimmer. Von dort geht es nach zehn Minuten in die Küche, wo Papa gerade am Spülbecken steht.

„Papa, komm mal mit, wir müssen dir etwas zeigen", sagt Marie.

„Keine Zeit", brummt Papa immer noch mürrisch.

„Du musst aber mitkommen!"
Lukas zieht an Papas Hose.

„Warum?"

„Das wirst du gleich sehen", sagt Marie.

Nach einigem Hin und Her wischt sich Papa die Hände ab, geht mit den beiden ins Kinderzimmer – und bekommt ganz große Augen. „Alle Achtung, das habt ihr prima gemacht! Jetzt sieht euer Zimmer doch viel schöner aus."
„Wir müssen dir noch etwas zeigen." Die Kinder führen Papa ins Wohnzimmer. Auch dort haben sie ihre Spiel- und Malsachen weggeräumt.

Ein Lächeln zieht über Papas Gesicht. Er drückt beiden einen Kuss auf die Backe und sagt: „Jetzt lasse ich alles stehen und liegen und spiele mit euch was ihr wollt."
Marie und Lukas freuen sich.

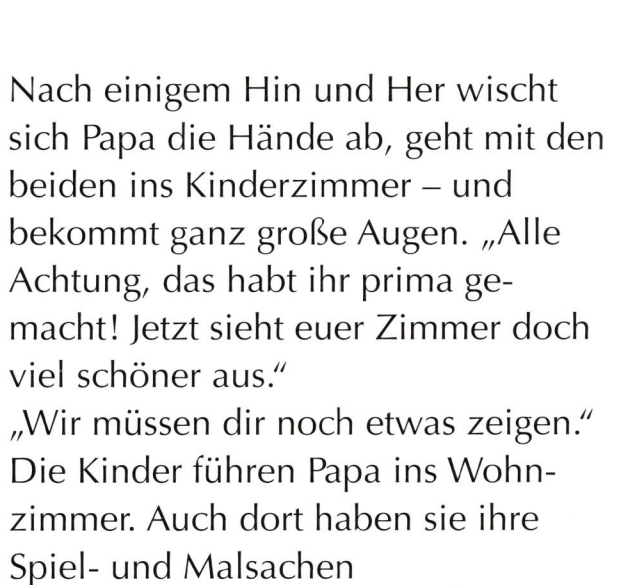

Ergibst du dich?

Papa radelt mit Marie und Lukas durch die Gegend, damit Mama endlich ihre Arbeit am Computer fertig schreiben kann.
Als der Radweg ansteigt, stoppt Marie und lässt sich ins Gras fallen. Papa hebt Lukas aus dem Kindersitz und setzt sich neben Marie. Sofort springt Lukas auf Papa und will mit ihm kämpfen. Papa wehrt sich, aber Marie hilft ihrem Bruder. Zu zweit drücken, ziehen und boxen sie so lange, bis Papa nach hinten fällt und bewegungslos auf dem Rücken liegt.

Einen Augenblick lang schauen die beiden ihn unsicher an, dann setzen sie sich auf seinen Oberkörper. „Hilfe!", ruft Papa und tut so, als ginge ihm die Luft aus.
„Ergibst du dich?", fragt Marie.
„Niemals!", zischt Papa, zappelt wild mit den Beinen und fuchtelt mit den Armen.
Lukas hüpft wie ein Reiter auf Papas Bauch. Marie drückt Papa beide Hände aufs Gesicht und fragt wieder: „Ergibst du dich?"
Papa atmet schwer und kann nur noch nicken.

Marie nimmt die Hände weg. „Dann bist du jetzt unser Gefangener und musst tun, was wir wollen.“

Lukas kreischt vor Vergnügen.

„Versprich es!“, sagt Marie drohend.

„Ich verspreche es.“

Marie und Lukas stellen sich neben Papa.

„Steh auf!“, befiehlt Marie.

Papa steht schwerfällig auf und prustet dabei wie ein Walross.

„Hol mir mein Rad!“

Papa holt Maries Rad, bringt es ihr und verbeugt sich wie ein Diener.

Marie und Lukas sehen sich an und grinsen. Lukas überlegt, was er Papa befehlen könnte. Da sieht er einen Baum. „Klettere da hinauf!“

„Ich bin doch kein Affe!“

„Aber unser Gefangener“, sagt Marie.

„Ja, und darum musst du auf den Baum klettern, wenn ich es sage!“, ruft Lukas.

Mit hängendem Kopf trottet Papa zu dem Baum. Er springt hoch und greift mit beiden Händen nach dem untersten Ast.

„Los, weiter!“, rufen die Kinder.

Papa versucht, die Beine nach oben zu bringen, was er mit Müh und Not auch schafft. Dann hängt er wie ein Faultier an dem Ast. „Weiter hoch komm ich nicht", stöhnt er, lässt sich los und plumpst ins Gras. „Mein Po", jammert er. „Mein armer, armer Po!" Die Kinder tanzen um Papa herum. Dann flüstert Marie ihrem Bruder etwas ins Ohr.

„Au ja!", ruft der begeistert und hüpft vor Freude. „Das machen wir!" Beiden ziehen an Papa. „Los komm, wir fahren weiter!"

„Lasst mich noch ein bisschen ausruhen", bittet Papa.

„Nein", sagt Lukas, „du musst jetzt aufstehn!"

Mühsam erhebt sich Papa. „Ich armer Gefangener", murmelt er, setzt Lukas in den Kindersitz und radelt hinter Marie her. „Wo führt ihr mich denn hin?"

„Verrat ich nicht", antwortet Lukas und grinst.

Marie fährt zurück und hält vor einer Eisdiele.

„Und jetzt?", fragt Papa.

„Jetzt musst du uns ein Eis kaufen", sagt Marie.

Lukas klatscht in die Hände. „Aber ein ganz, ganz großes!"

„So, muss ich?"

„Ja, weil du nämlich unser Gefangener bist", ruft Lukas.

„Bekomme ich armer Gefangener auch ein Eis?"

Marie und Lukas gucken sich einen Moment an – dann nicken sie.

„Das ist aber lieb von euch", sagt Papa.

Sie gehen in den Laden und Papa kauft drei große Eis. Damit setzen sie sich auf eine Bank und lassen es sich schmecken.

„Hm", macht Marie und leckt sich die Lippen. „Das ist ein schönes Spiel."

„Das spielen wir morgen gleich wieder", schlägt Lukas vor.

Papa lacht und knuddelt beide.

„Dann seid ihr aber meine Gefangenen und müsst tun, was ich will."

„Das ist ja langweilig", sagen Marie und Lukas wie aus einem Mund.

Immer ich!

Lukas sitzt in der Spielecke des Wohnzimmers und baut mit seinen Legosteinen ein Haus.
Die vier Wände stehen schon, aber mit dem Dach hat Lukas Schwierigkeiten. Immer wieder fällt ein Stein hinab. Wenn Marie ihm helfen würde, ginge es bestimmt besser. Aber die will heute nicht mit ihm spielen.
Irgendwann verliert er die Lust, lässt das Haus mit dem offenen Dach stehen, nimmt sein Froschklavier und klimpert darauf herum. Aber heute gefällt ihm die Froschmusik kein bisschen. Er hat überhaupt keine Lust mehr allein zu spielen und geht wieder zu seiner Schwester, obwohl sie ihn schon zweimal rausgeschmissen hat.
„Hau ab, du Stinker!", ruft Marie.
„Du stinkst selber!", gibt Lukas zurück.
„Und du bist blöd!"

„Das sag ich der Mama."
„Dann sag's ihr doch, du blöder
Petzer!" Marie schubst Lukas aus
dem Zimmer und schlägt die Tür zu.
Lukas läuft zu Mama. „Mama!
Mama! Marie hat mich schon wieder
geschubst und blöd und Stinker zu
mir gesagt."
„Müsst ihr denn immer streiten?",
fragt Mama. Sie geht mit Lukas ins
Kinderzimmer. „Marie, wie oft hab
ich dir schon gesagt, du sollst nicht
so grob zu deinem Bruder sein!"
„Der macht ja immer alles kaputt",
verteidigt sich Marie. Sie streckt
Mama ein Bild entgegen. „Das habe
ich gemalt und er hat es ganz voll
gekritzelt. Und meiner Puppe hat er
das Bein umgebogen, sodass sie
nicht mehr richtig stehen kann."
„Lukas weiß das noch nicht besser,
er ist doch noch so klein. Aber du
solltest schon vernünftiger sein."
„Immer ich", meckert Marie.

„Ich möchte nicht mehr hören, dass du grob zu ihm bist und schlimme Wörter zu ihm sagst." Mama geht hinaus und Lukas watschelt hinter ihr her.

Wenig später klingelt Maries Freundin Annalena an der Haustür. Die beiden wollen draußen spielen. Und natürlich will Lukas mit.

„Nein, den können wir nicht brauchen", sagt Marie zu Mama. „Heute nicht."

„Lukas kann doch im Sandkasten spielen. Dort stört er euch bestimmt nicht." Mama zieht ihm schon eine Latzhose und Gummistiefel an.

„Aber wir wollen alleine spielen!", ruft Marie.

„Du sollst ja nur ab und zu nach ihm schauen", sagt Mama.

„Blöder Stinker", brummt Marie.

Nach einer halben Stunde kommt Mama nach draußen um nachzusehen, ob alles in Ordnung ist.

„Wie siehst du denn aus?", ruft sie entsetzt, als sie Lukas entdeckt. Lukas ist kaum noch zu erkennen. Von den Füßen bis zu den Haaren ist er voller Dreck. Und seine Stiefel hat er mit nassem Sand gefüllt.

„Guck mal, Mama! Ich habe so schönen Brei gemacht", sagt er und lacht sie an.

„Marie!", ruft Mama wütend. „Schau dir das mal an! Jetzt kann ich wieder alles waschen. Warum hast du denn nicht besser aufgepasst?"

„Ist doch nicht meine Schuld, wenn der sich so voll saut", wehrt sich Marie.

„Lukas ist noch zu klein …"

„Ich bin auch noch ein Kind!", ruft Marie. „Nicht nur der!" Dann läuft sie ins Haus und will niemanden mehr sehen.

Komm zu mir!

Lukas wälzt sich im Bett hin und her. Dazwischen nuschelt er unverständliches Zeug und strampelt mit den Beinen. Plötzlich ruft er „Mama!".

Marie wacht auf und knipst sofort das Licht an. Sie sieht ihren Bruder im Bett sitzen und vor sich hin starren. Er hat geträumt und ist noch nicht ganz wach. Aber das helle Licht vertreibt langsam die dunklen Traumgestalten.

„Lukas, was ist los?"

Die Stimme seiner Schwester macht Lukas endgültig wach. Mit Tränen in den Augen murmelt er: „Da war ein großer, schwarzer Hund, der wollte mich beißen."

„Das hast du nur geträumt", tröstet ihn Marie.

„Aber ich habe ihn gesehen."

„Nur im Traum hast du ihn gesehen", erklärt Marie. „Hier ist kein schwarzer Hund."

Lukas schaut sich im Zimmer um, als sei er davon nicht überzeugt.

„Du musst zu mir kommen", flüstert er.

„Ich bin doch da."

„Komm, sonst hab ich Angst", bittet Lukas.

Marie steigt aus ihrem Bett und kriecht zu Lukas unter die Decke. Er klammert sich an sie wie ein Äffchen. „Du musst bei mir schlafen."

„Ja", sagt Marie, „aber so kann ich nicht schlafen."

Beide legen sich auf die Seite, sodass
sie einander sehen. Lukas tastet nach
Maries Hand und hält sie fest. Jetzt
kann ihm nichts mehr passieren.
Bald fallen den Kindern die Augen zu
und Hand in Hand schlafen sie ein.

Die Deutsche Bibliothek – CIP-Einheitsaufnahme
Ein Titeldatensatz für diese Publikation ist bei
Der Deutschen Bibliothek erhältlich

1   2   3   4   05   04   03   02

© 2002 Ravensburger Buchverlag Otto Maier GmbH
Illustration: Maria Wissmann
Text: Manfred Mai
Redaktion: Annett Stütze
Printed in Germany
ISBN 3-473-33050-7